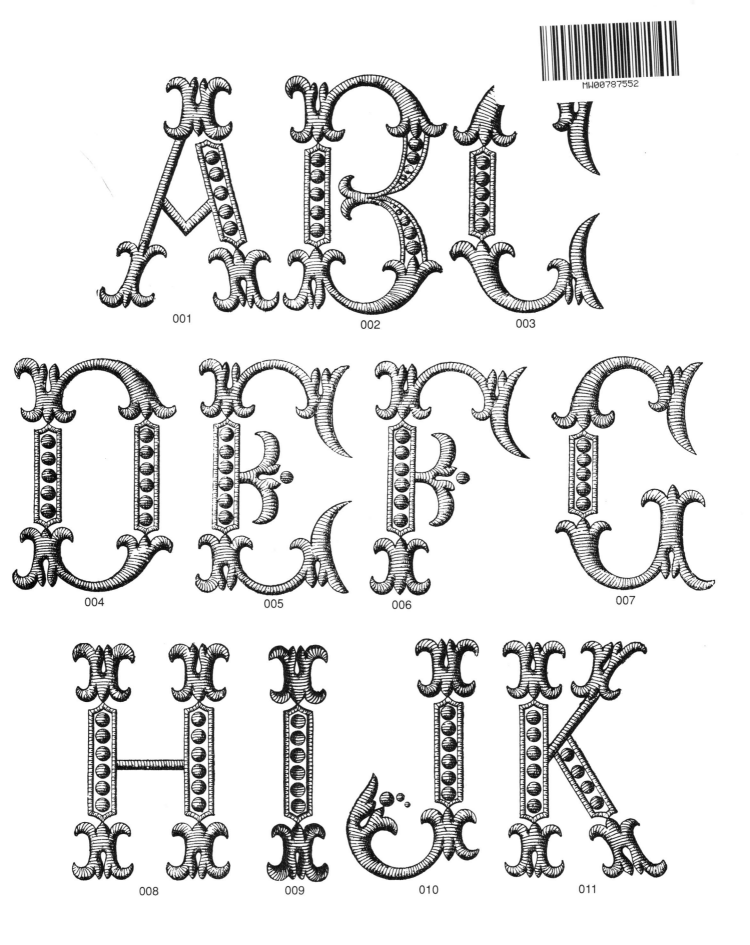

001 002 003

004 005 006 007

008 009 010 011

012

013

014

015

016

017

018

019

020

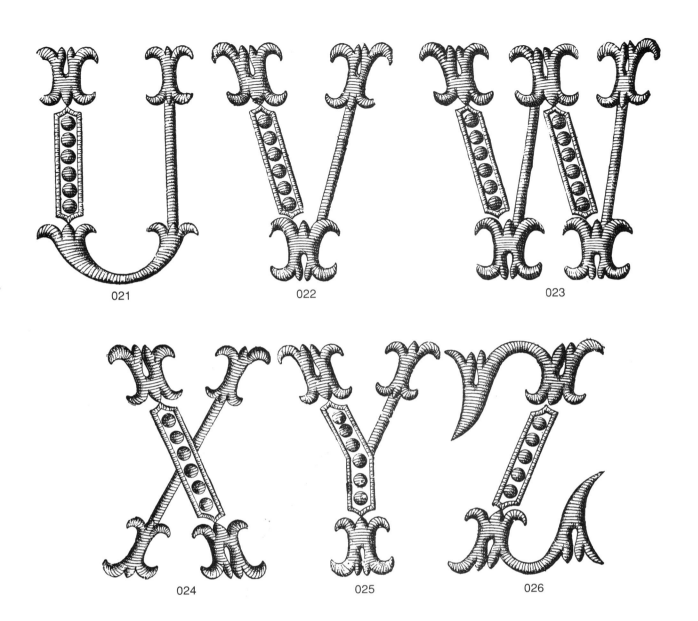

021 022 023

024 025 026

027

028

029

030

031

032

033

034

035

036

037

038

039

040

041

042

043

044

045

046

047

048

049

050

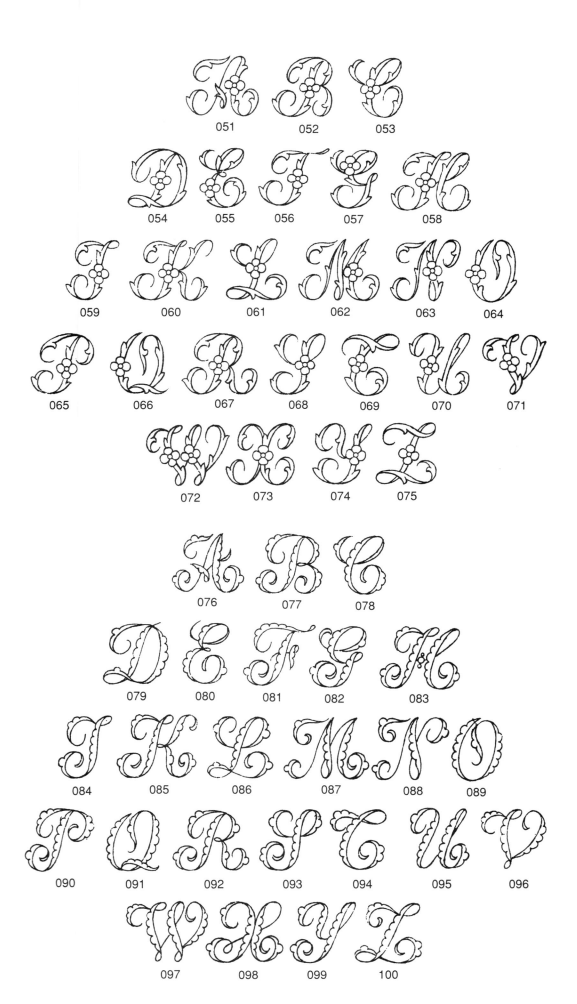

051 052 053

054 055 056 057 058

059 060 061 062 063 064

065 066 067 068 069 070 071

072 073 074 075

076 077 078

079 080 081 082 083

084 085 086 087 088 089

090 091 092 093 094 095 096

097 098 099 100

101   102

103   104   105   106

107   108   109   110

111   112   113   114   115

116   117   118

119   120   121   122

123   124   125

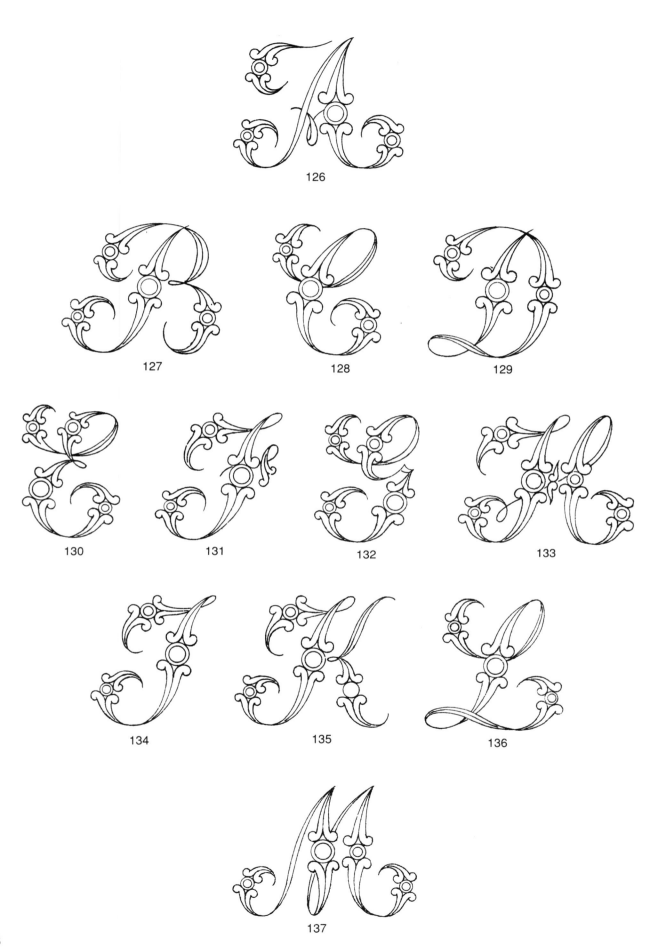

126

127

128

129

130

131

132

133

134

135

136

137

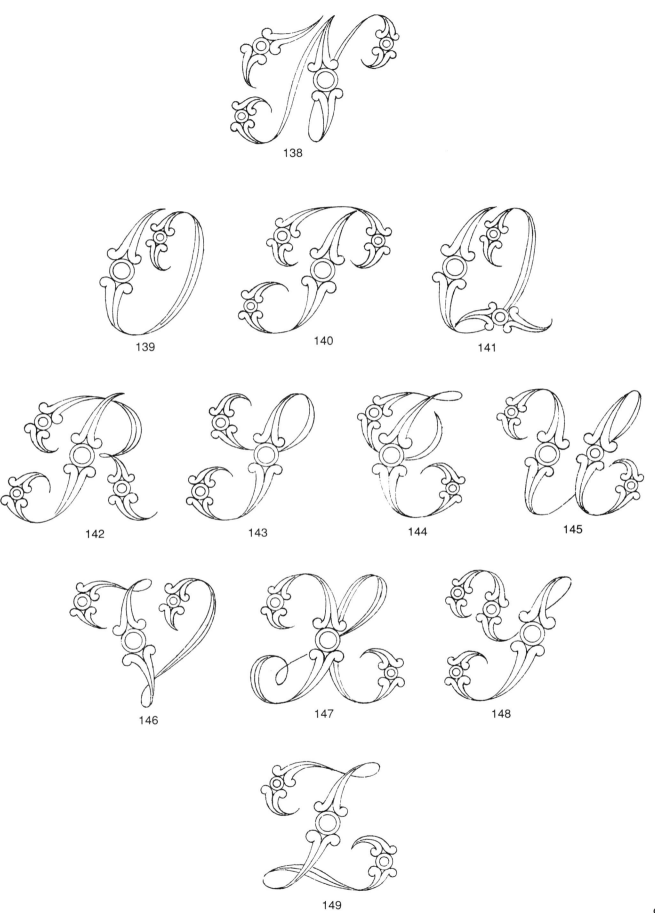

138

139

140

141

142

143

144

145

146

147

148

149

150   151   152

153   154   155   156

157   158   159   160

161   162   163   164   165

166   167   168   169   170

171   172   173

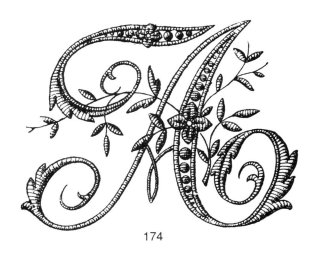

174

175

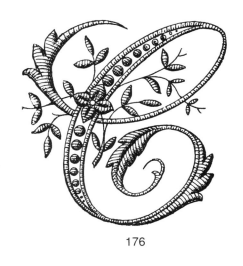

176

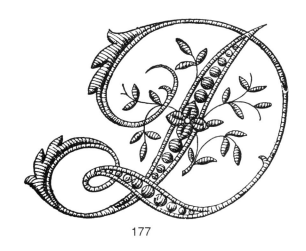

177

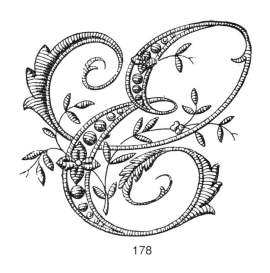

178

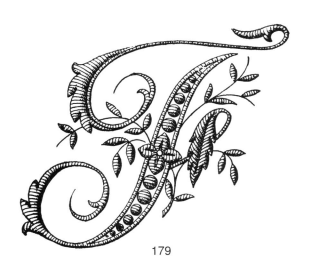

179

180

181

182

183

184

185

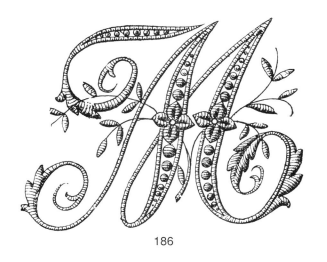

186

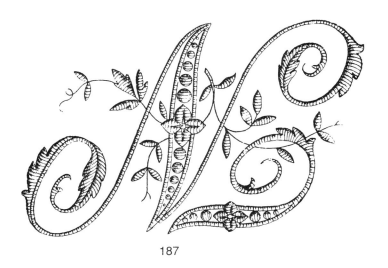

187

188

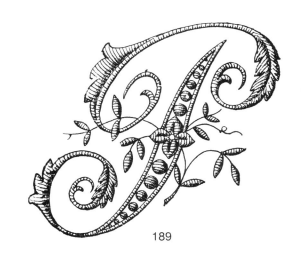

189

190

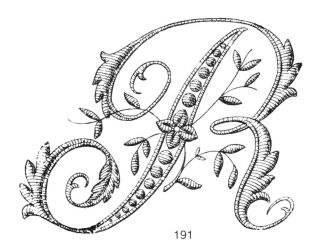

191

192

193

194

195

196

197

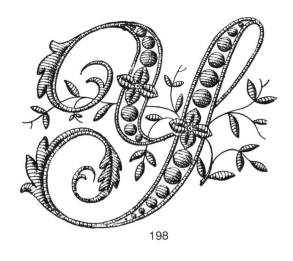

198

199

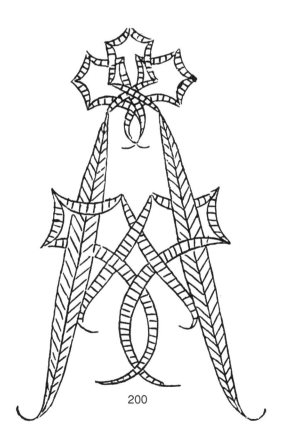

200

201

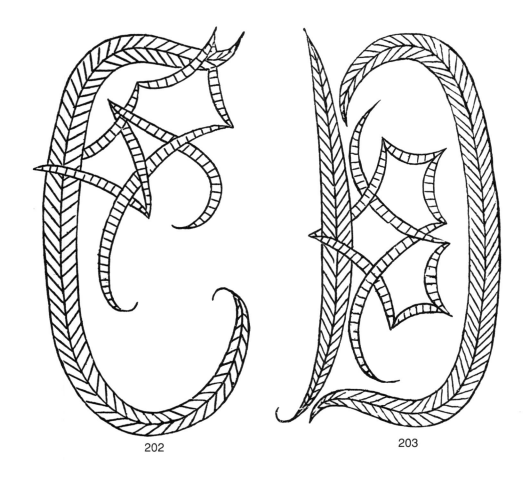

202

203

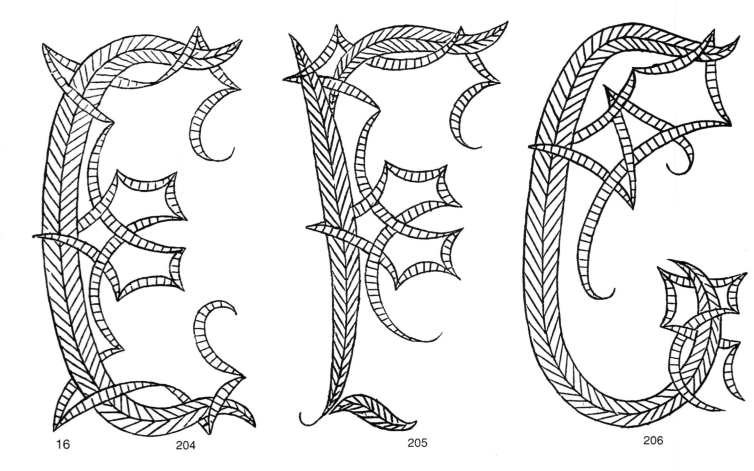

204

205

206

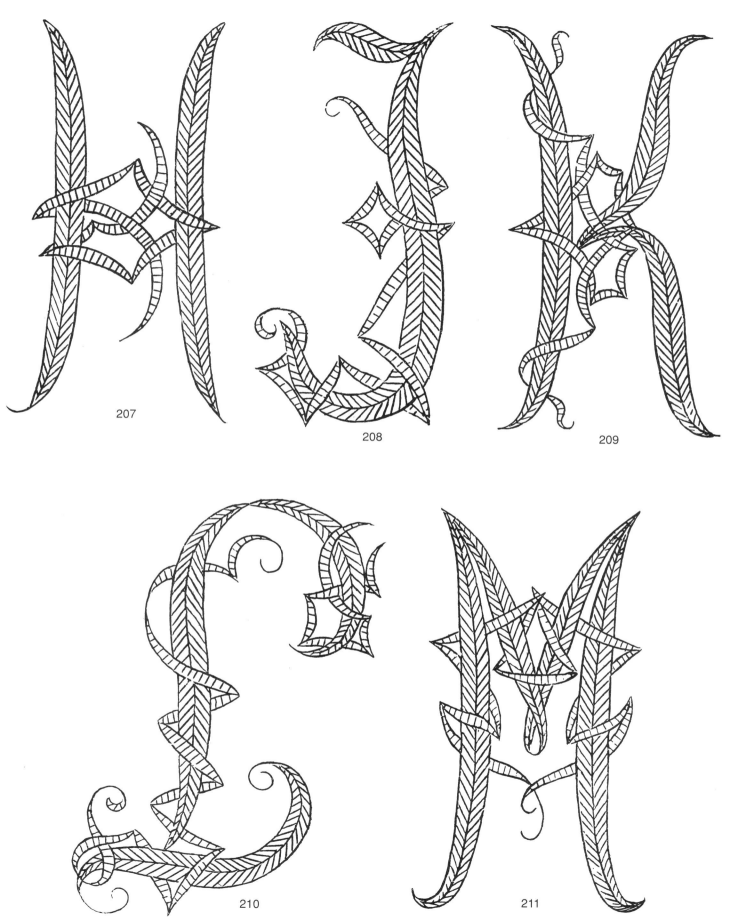

207

208

209

210

211

212

213

214

215

216

217

18

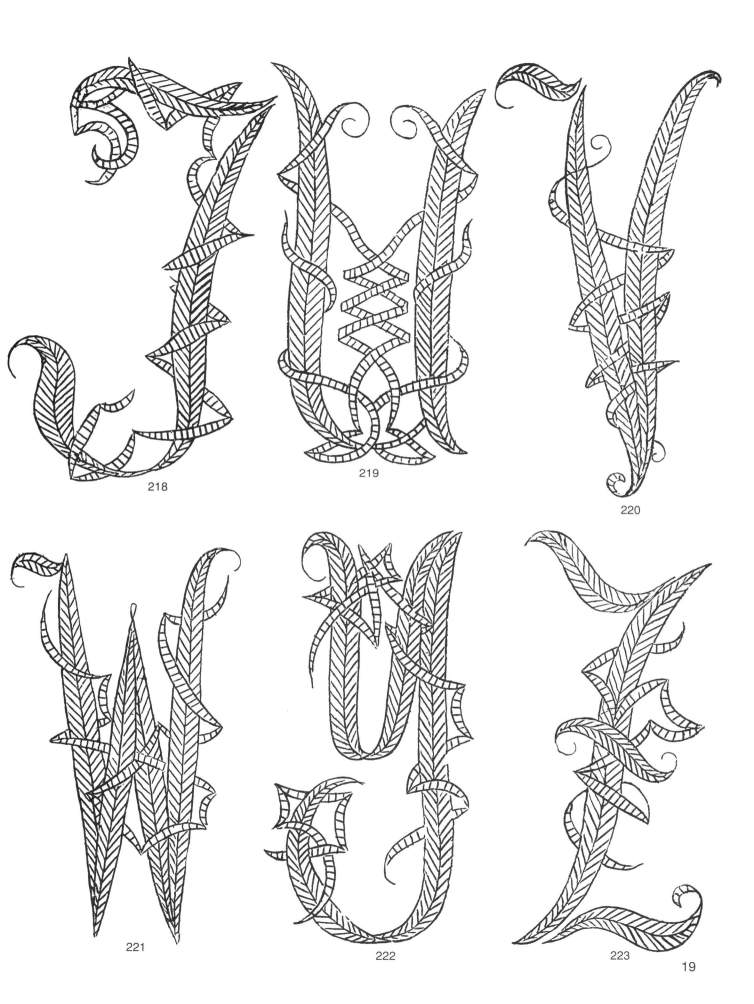

218

219

220

221

222

223

19

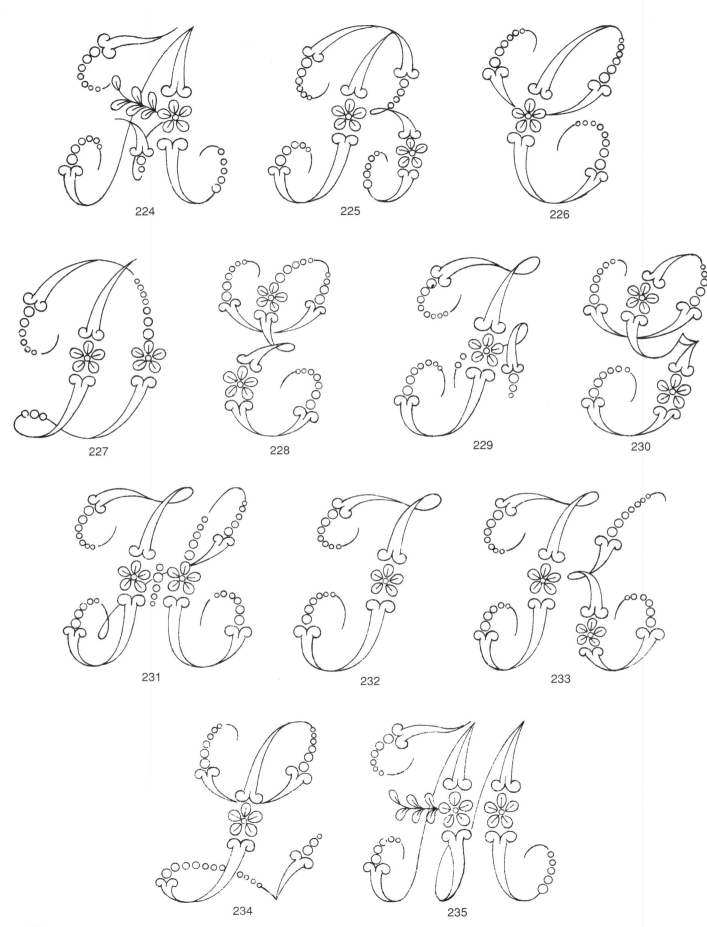

224

225

226

227

228

229

230

231

232

233

234

235

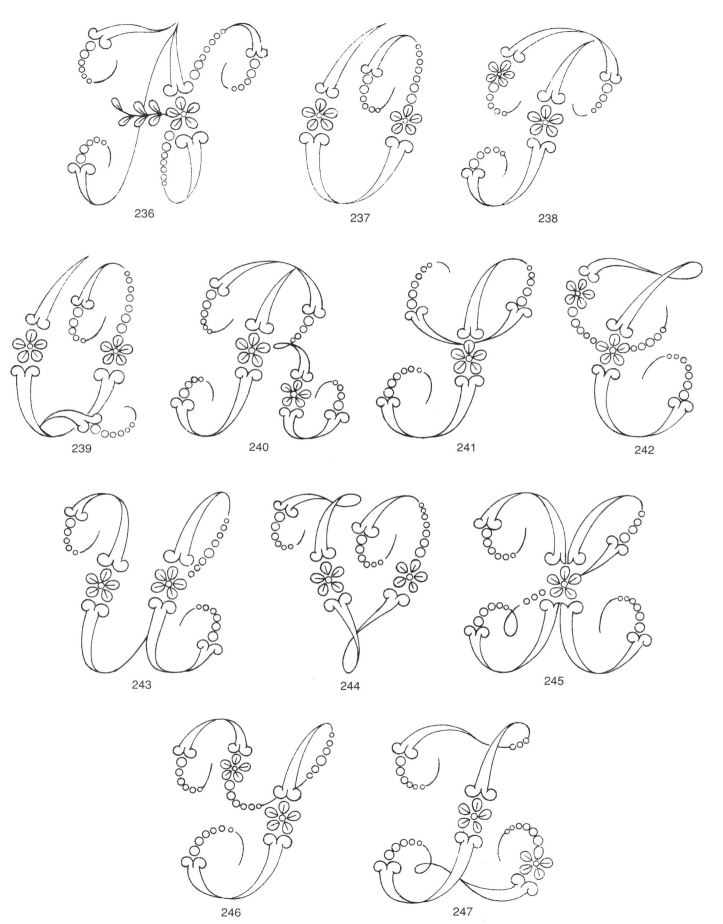

236

237

238

239

240

241

242

243

244

245

246

247

248   249   250   251

252   253   254   255   256

257   258   259   260   261

262   263   264   265   266

267   268   269   270   271

272 273 274 275 276

277 278 279 280 281

282 283 284 285

286 287 288 289 290

291 292 293 294 295

23

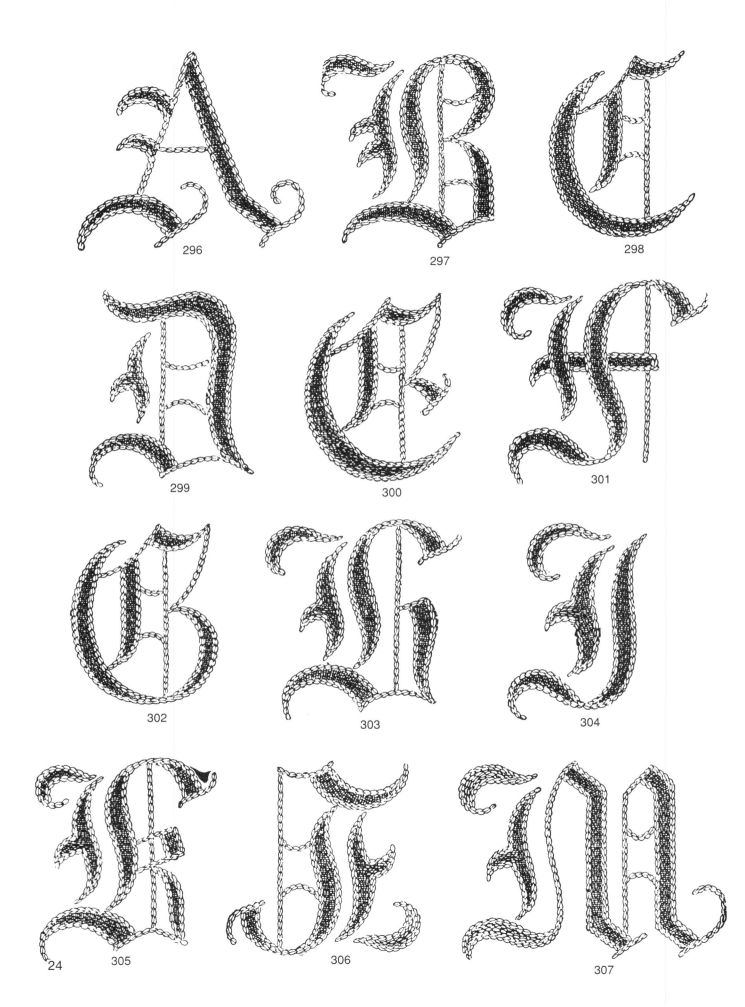

296

297

298

299

300

301

302

303

304

24 305

306

307

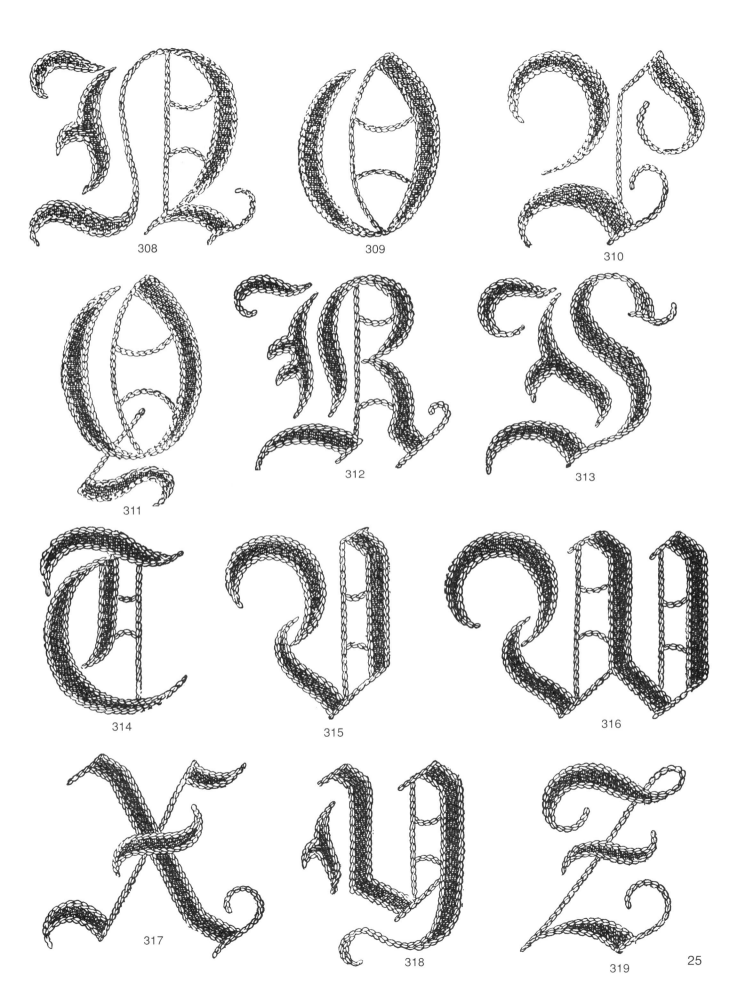

308

309

310

311

312

313

314

315

316

317

318

319

25

320

321   322   323

324   325   326   327

328   329   330   331

332 333 334 335

336 337 338 339

340 341 342

343

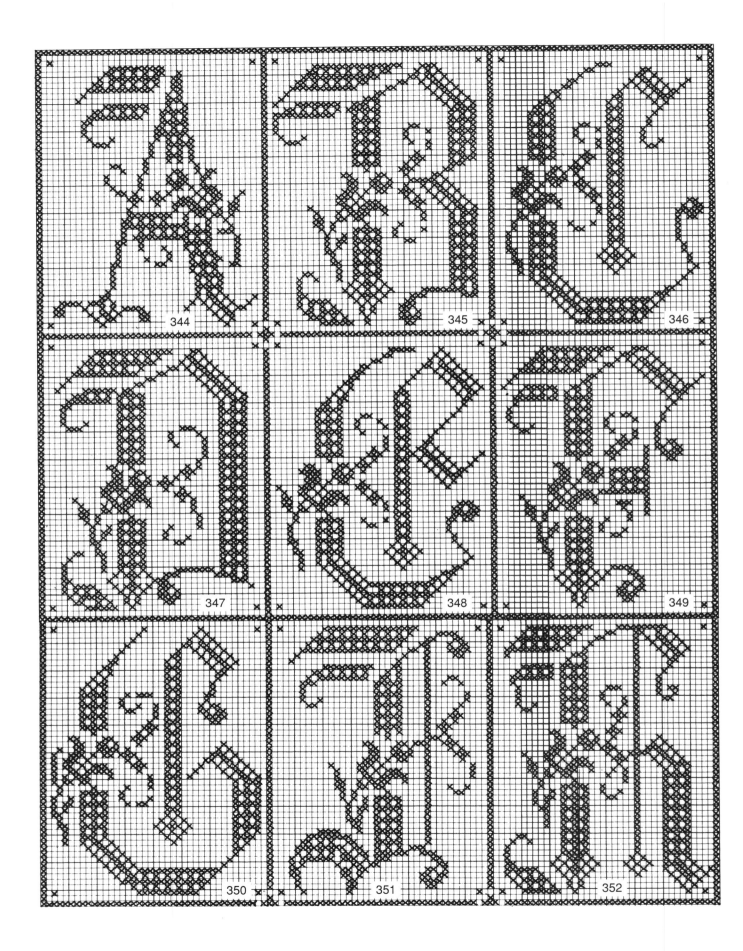

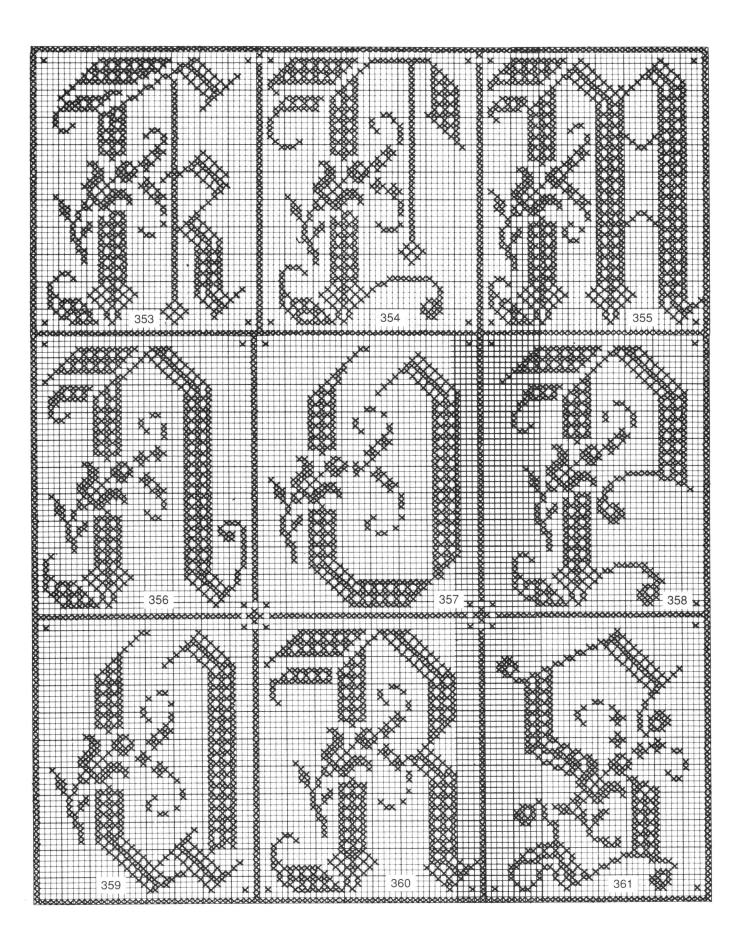

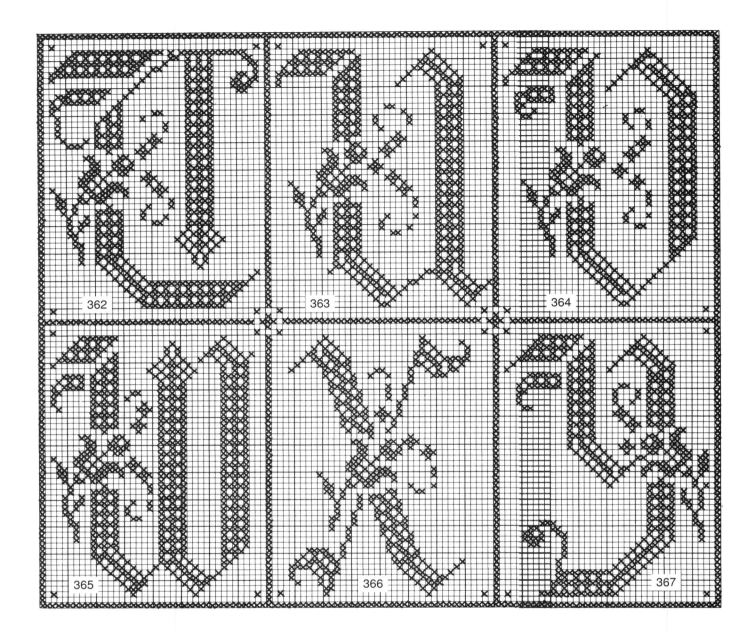

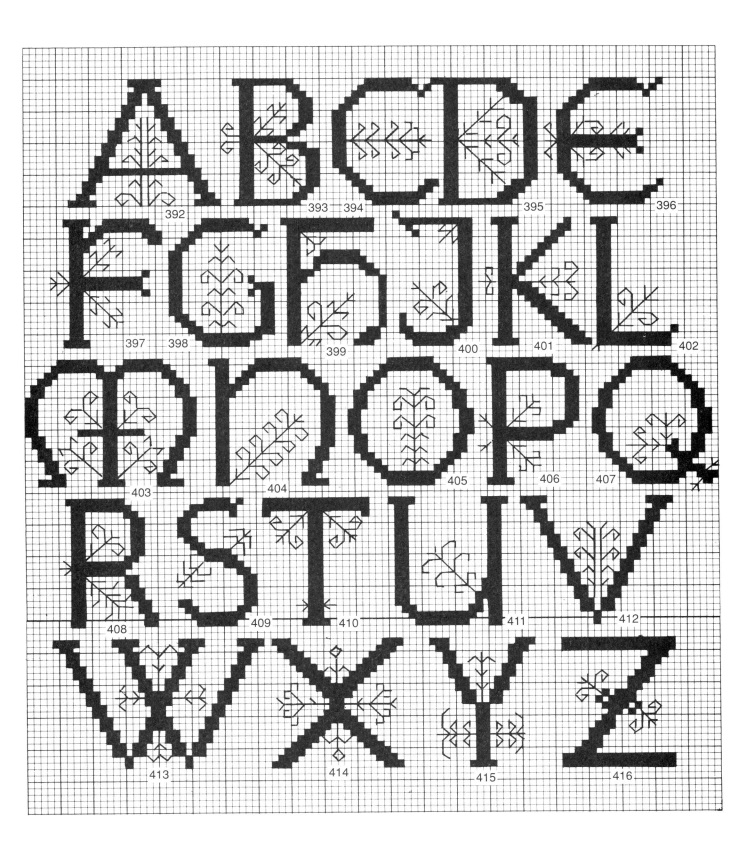

392 393 394 395 396
397 398 399 400 401 402
403 404 405 406 407
408 409 410 411 412
413 414 415 416

417   418   419   420   421

422   423   424   425   426   427

428   429   430   431   432

433   434   435   436   437

438   439   440   441

442

443

444

445

446

447

448

449

450

451

452

453

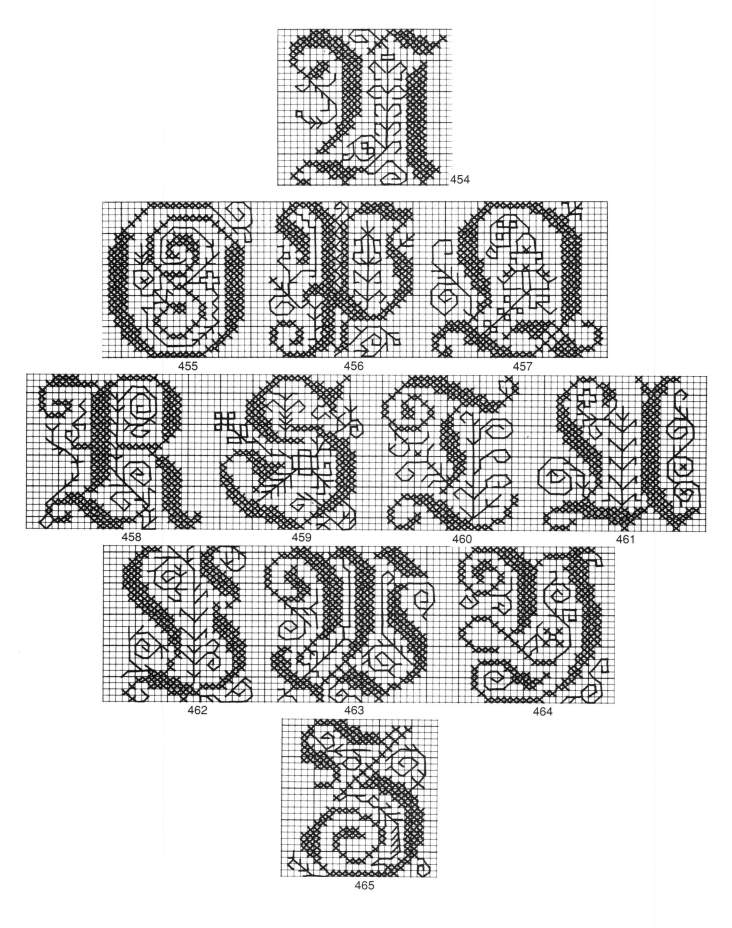

454

455 456 457

458 459 460 461

462 463 464

465

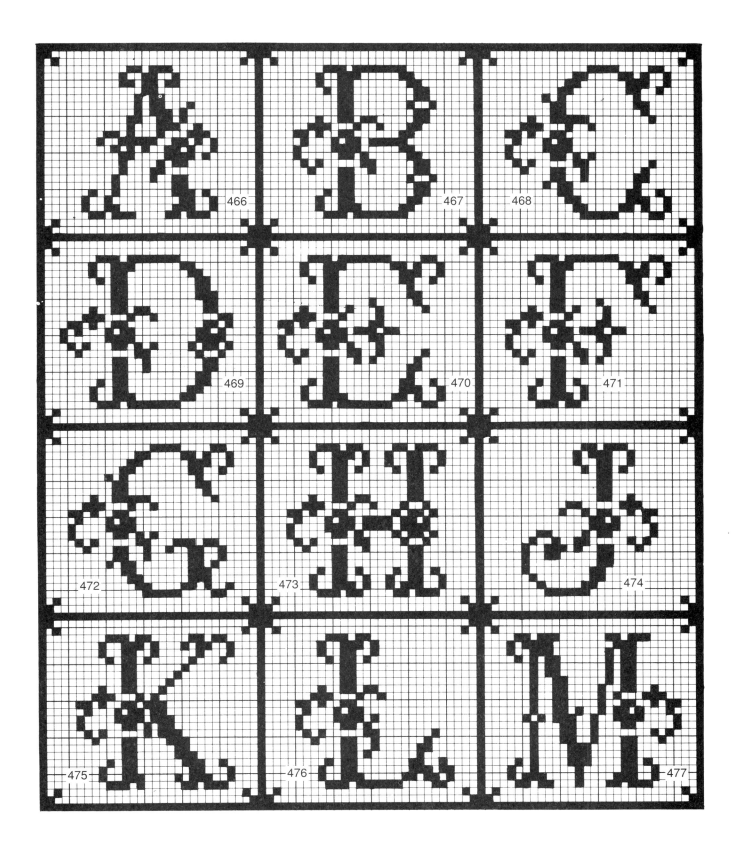

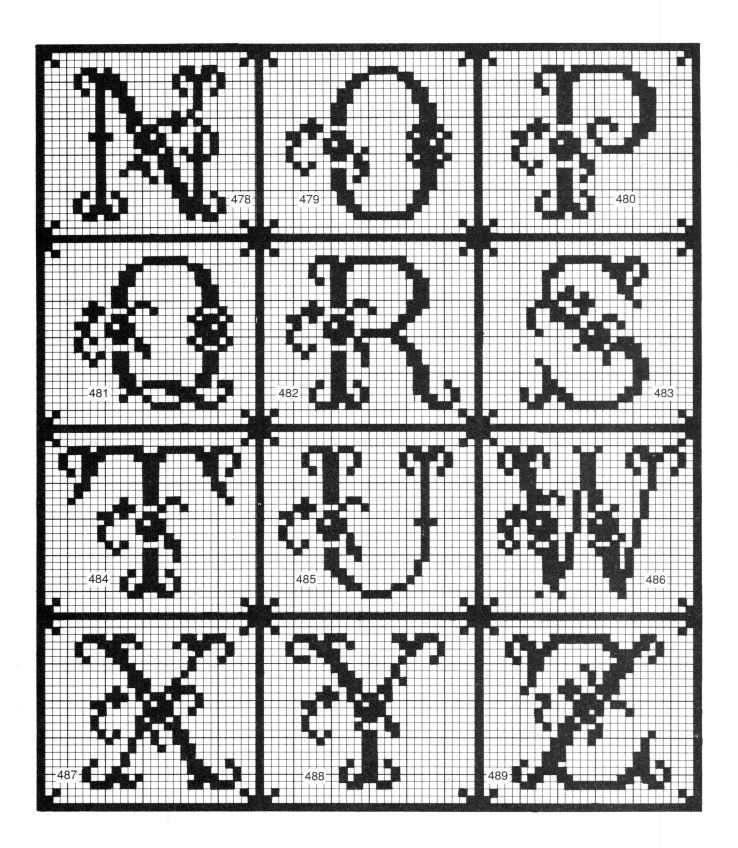

490 491 492 493 494

495 497 498 499 500 501

496

502 503 505 506 507 508

504

509 510 512

511

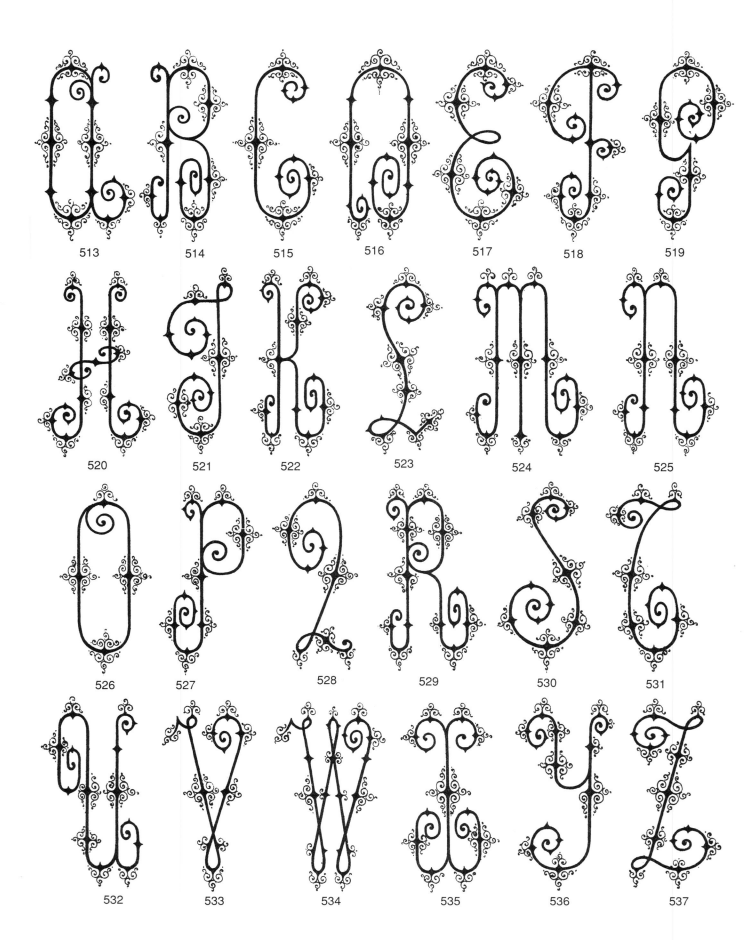

513   514   515   516   517   518   519

520   521   522   523   524   525

526   527   528   529   530   531

532   533   534   535   536   537

538   539   540   541

542   543   544   545   546   547

548   549   550   551   552   553

554   555   556   557   558

559   560   561   562

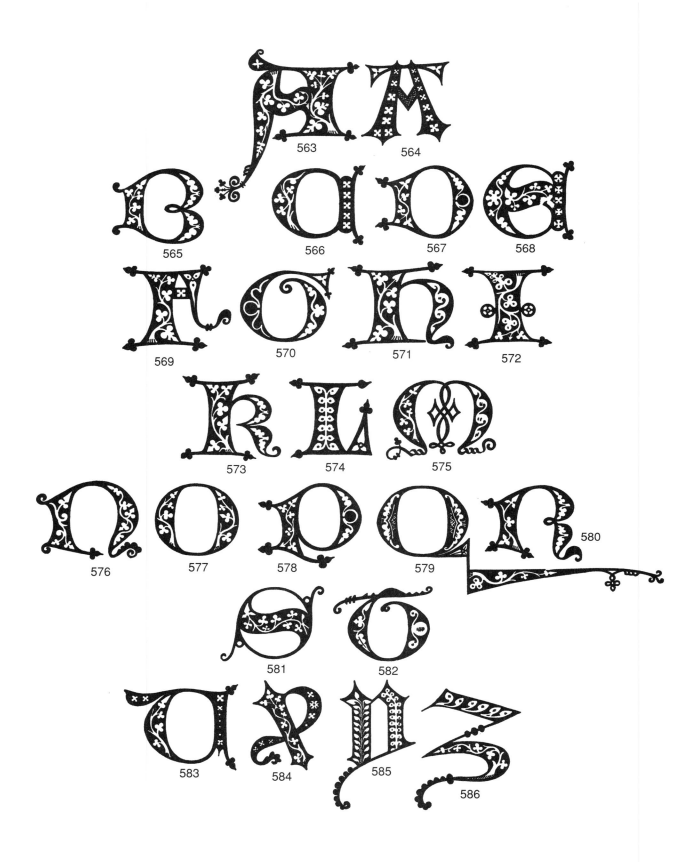

563 564 565 566 567 568 569 570 571 572 573 574 575 576 577 578 579 580 581 582 583 584 585 586

587   588   589   590

591   592   593   594

595   596   597   598

599   600   601   602

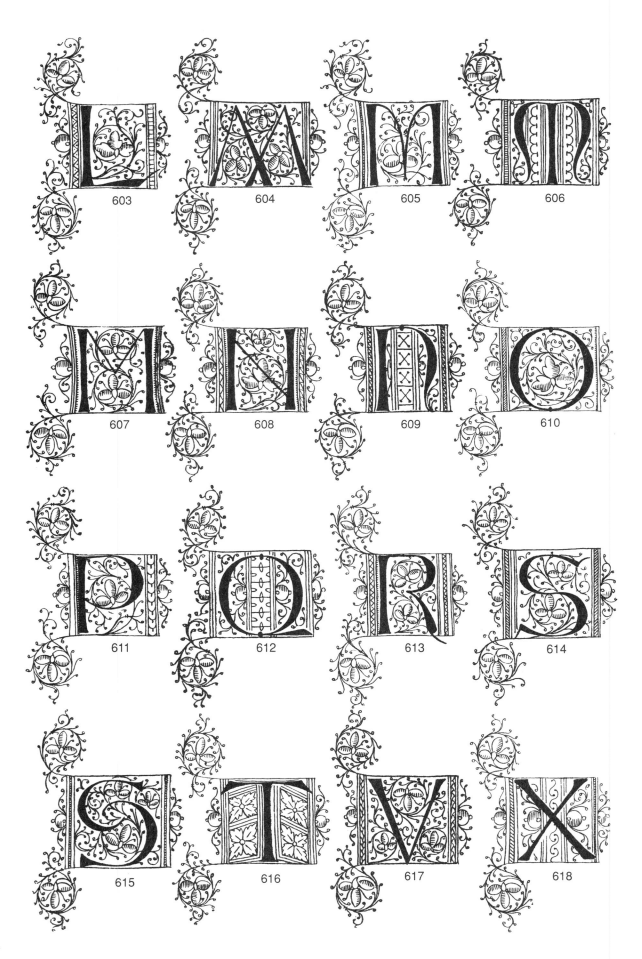

603 604 605 606

607 608 609 610

611 612 613 614

615 616 617 618

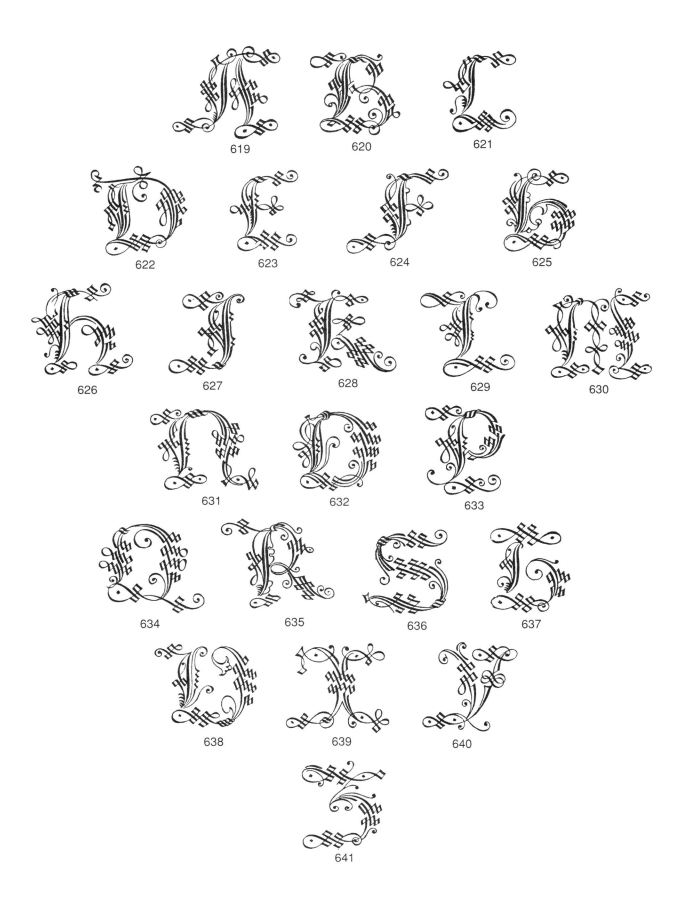

619 620 621

622 623 624 625

626 627 628 629 630

631 632 633

634 635 636 637

638 639 640

641

642

643

644

645

646

647

648

649

650

651

652

653

654

655

656

657

658

659

660

661

662

663

664

665

666

47

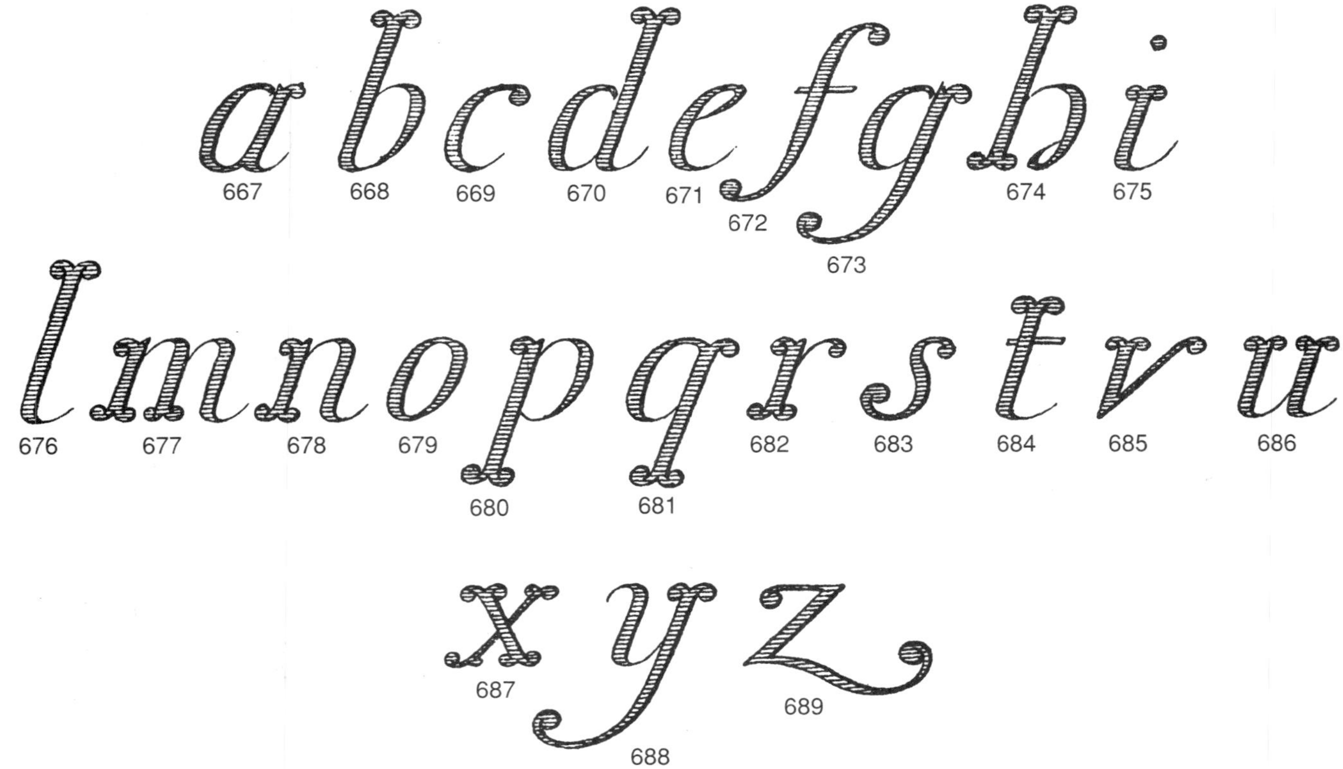

a 667 b 668 c 669 d 670 e 671 f 672 g 673 h 674 i 675

l 676 m 677 n 678 n 679 o 680 p 681 q 682 r 683 s 684 t 685 u 686

x 687 y 688 z 689

a 690 b 691 c 692 d 693 e 694 f 695 g 696 h 697 i 698

l 699 m 700 n 701 n 702 o 703 p 704 q 705 r 706 s 707 v 708

u 709 x 710 y 711 z 712

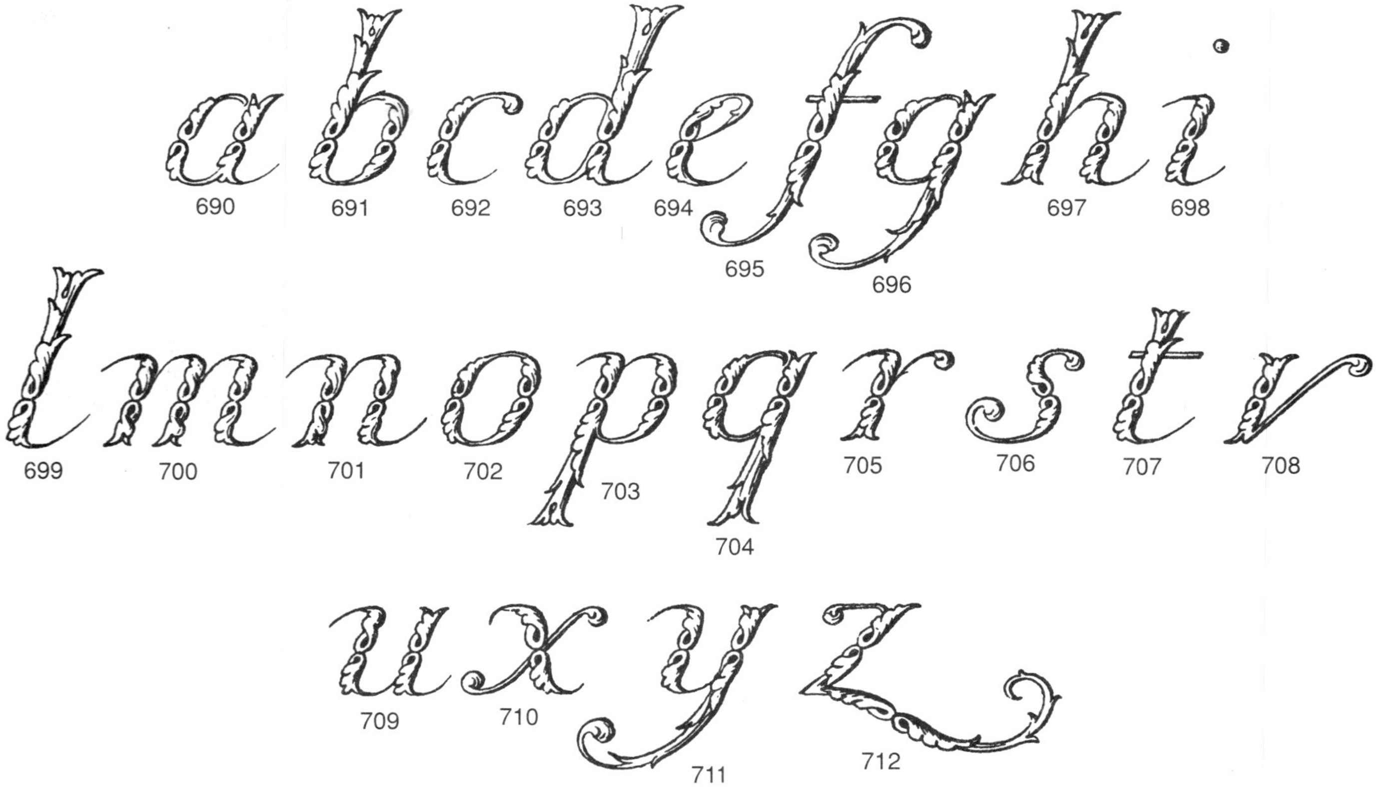